Lk 7/1386

SOCIÉTÉ DES ANTIQUAIRES DE L'OUEST.

EXTRAIT
DU BULLETIN

DU PREMIER TRIMESTRE 1852.

NOTE

SUR LA DÉCOUVERTE D'UNE VILLE GALLO-ROMAINE PRÈS FAYE-L'ABBESSE, ET LETTRE DE MONSEIGNEUR L'ÉVÊQUE D'ANGOULÊME A CE SUJET.

La découverte faite par M. Touchard d'une ville gallo-romaine aux Crânières, près Faye-l'Abbesse (Deux-Sèvres), découverte détaillée dans notre quatrième bulletin de 1851, a déjà éveillé l'attention du monde savant. Elle vient d'être relatée dans les *Annales archéologiques* de M. Didron, d'être annoncée avec toutes ses circonstances par le journal l'*Institut*; enfin, elle a motivé la lettre suivante, adressée à un des membres de la Société des Antiquaires de l'Ouest par un prélat qui en est une des plus vives lumières, Mgr Cousseau, évêque d'Angoulême, dont l'opinion a d'autant plus de poids qu'il connaît parfaitement le pays dont il s'agit:

« J'aurais à vous interroger sur la suite que nos antiquaires de Poitiers ont donnée au curieux rapport de M. Touchard sur les récentes découvertes faites à Faye-l'Abbesse. A-t-on avisé au moyen de faire faire quelques nouvelles fouilles?

» Pour moi, je n'hésite pas à dire que c'est la découverte la plus importante faite dans le ressort de la Société depuis sa création.

» C'est là évidemment l'ancienne Ségora, qu'on plaçait partout, excepté dans un lieu qui en offrit des traces et qui fût certainement situé sur la voie de Poitiers à Nantes.

» Vous rappelez-vous la charte de Lothaire, qui donne à l'abbesse de Saint-Jean de Bonneval *curtim de Faia, ubi existit vetus cappella S. Hilarii ? vetus*, elle était déjà vieille en 973, si je ne me trompe.

» Vous connaissez aussi la précieuse relique de Faye-l'Abbesse. C'est un autel portatif en porphyre qu'on a toujours cru avoir servi à saint Hilaire, dans ses courses pastorales dans le bas Poitou.

» On conçoit que le saint ait pris pour point de départ de ses courses, dans cette contrée alors toute sauvage, la seule ville romaine qu'il y eût. Quand Ségora a-t-elle été détruite? La réponse sera donnée par les médailles qu'on y trouvera. Voici une conjecture qu'elles confirmeront ou renverseront.

» Ségora, placée sur la frontière du bocage où se réfugièrent les Gaulois indépendants et catholiques au ve siècle, et des plaines où dominèrent jusqu'à Clovis les Visigoths ariens, a dû être détruite alors dans les luttes acharnées des deux peuples. Vous savez que ces deux populations sont toujours demeurées ennemies depuis; que nos gens du bocage n'ont jamais cru à la sincérité de la conversion des Visigoths ariens, et qu'ils appellent encore aujourd'hui les gens de la plaine, *les Bigots*.

» Vous savez enfin comment cette vieille ligne de séparation s'est tranchée de plus en plus au xvie siècle, et mieux encore en 92. Il y a là un sujet d'études extrêmement curieuses, et les ruines de Ségora retrouvée à Faye-l'Abbesse, si on pouvait les interroger, auraient plus d'une réponse à nous faire, plus d'un secret à nous découvrir.

» Comme Poitevin, et surtout comme Vendéen, j'attache le

plus grand intérêt à toutes les découvertes qui seront faites sur ce point, et je vous prie instamment de me tenir au courant de tout ce qui sera communiqué à la Société sur ce sujet. »

L'intention de la Société est bien de faire faire de nouvelles recherches, autant que le permettra l'état des lieux, et de faire en outre surveiller par les hommes intelligents qui y habitent, M. Trinchot Jules, propriétaire à Faye-l'Abbesse, M. Desmarets, notaire, et M. l'abbé Caminade, curé, toutes les découvertes que peut amener le hasard. En attendant, et pour éclairer de suite le plus possible la question, elle publie ci-joint tous ceux des travaux de M. Touchard qui s'y rapportent.

RECHERCHES
HISTORIQUES ET ARCHÉOLOGIQUES

SUR BRESSUIRE, FAYE-L'ABBESSE, CHICHÉ ET SAINT-SAUVEUR-GIVRE-EN-MAI (DEUX-SÈVRES),

Par M. **TOUCHARD**.

BERSUIRE OU BRESSUIRE (1).
BERCORIUM OU BERZORIUM (2).

En novembre 1816, j'arrivais à Bressuire par le chemin de Parthenay, coupé par de véritables fondrières que formaient, entre ces deux villes, cinq ou six ruisseaux qui, quoique profondément encaissés, débordaient abondamment, deux tiers de l'année, dans les étroites gorges où passait ce chemin. A trois cents mètres environ de Bressuire, et en quittant une courbe, je jouis d'un aspect pour moi ravissant, et qui me cloua quelque temps là. C'était, au premier plan, une vaste porte féodale, flanquée de deux massives tours surmontées d'épais créneaux, et aux côtés desquelles restaient encore attachés de vieux débris de fortes murailles ; au delà de cette ville, dont la largeur ne me parut pas devoir être considérable, au-dessus de cette noble entrée, la couronnant en la dominant, à courte distance, le château pittoresquement placé sur un assez haut monticule. Il me paraissait bien conservé ; il l'est même encore, en dépit du siége qu'il a subi, du temps qui l'a miné et des guerres politiques et religieuses qui l'ont plus maltraité que le temps. Encore plus au delà, et tout autour, s'offrait à ma vue un paysage fort étendu qui l'encadrait d'une verdure épaisse, et l'ombre formée par de très-nombreux taillis et par plusieurs vastes forêts, dont celle d'Anjou, la plus considérable, composait vaporeusement l'arrière-plan.

(1) Dictionnaire géographique et politique des Gaules et de la France, par l'abbé Expilly (1762, tome 1er, page 593).
(2) Dom Fonteneau et Bibliothèque du Poitou de Dreux-Duradier.

J'avançai, et au delà de la massive porte je me trouvai dans un étroit chemin dont les deux côtés étaient bordés de ruines. Des maisons avaient été là, elles y avaient formé une rue; leur destruction paraissait ancienne; j'eus propension à me croire au xiv° siècle, à cette année 1574 dans laquelle eut lieu, par le grand connétable, la prise de la ville et du château. Mais je n'avais pas oublié qu'à cette époque Bressuire était anglais, et que, depuis longues années, Dieu merci, français, il fut entièrement détruit par les siens. J'eus donc l'extrême douleur de ne pouvoir me livrer à cette douce illusion.

Depuis cette époque, je me suis fixé pour bien des années près de cette ville; je l'ai vue renaître de ses cendres; je me suis plu à retourner pour elle vers le passé; et aujourd'hui, Messieurs, que vous m'avez fait l'honneur de m'associer à vos travaux, et qu'ainsi de mes goûts je me suis fait des devoirs, je me suis mis à l'étudier avec plus de soin dans les livres, après l'avoir d'abord beaucoup étudiée sur les lieux, et c'est de ce résultat de mes travaux que je vous prie, Messieurs, de vouloir bien agréer le trop indigne hommage.

Quelle est l'origine de Bressuire? à quelle époque remonte sa fondation? celle de son église, celle de ses principaux établissements civils et religieux? Quels ont été ses seigneurs, des premiers aux derniers, autant qu'il a été en moi de les découvrir? Quelle fut l'antiquité de leurs races? quels ont été leurs faits louables ou reprochables? Quelle fut son importance première? quand a-t-elle commencé à déchoir? quelles ont été les causes de cette déchéance? quel est son état présent? quel peut être et quel doit être son avenir?

Voici sous quels points de vue j'ai voulu vous peindre cette ville. Le cadre est vaste, les difficultés grandes; arriver à un plein succès est impossible à mes forces; c'est un ballon d'essai que j'ose lancer. A de plus habiles aéronautes de réussir, mais à moi d'entreprendre pour exciter leur zèle.

ÉPOQUE GALLO-ROMAINE.

Avant d'aborder cette époque, remontons à l'époque celtique, comme origine de la Gaule entière. Les traces ne s'en rencontrent plus énergiquement dessinées en aucune autre partie de cette vaste région que dans le bas Poitou, dont Bressuire fait partie. Pour le physique, voyez le teint et le tempérament de ses habitants; pour le moral, voyez leur patience et leur audace; ils sont assez près de ceux de Tiffauges pour qu'on puisse les en croire les plus proches parents; et qui ne sait quels sont les auteurs de ces derniers?

Ils ont donc été Celtes d'origine, Gaulois par l'émigration, Gallo-Romains par la conquête qu'ont faite d'eux de nouveaux envahisseurs.

Mais Bressuire existait-il alors?

Il faut le croire, puisqu'une forte controverse s'est élevée sur la question de savoir si cette ville était l'antique Ségora. Discuter ainsi sur elle c'est, tout au moins, admettre son existence d'alors. Bressuire remonte donc certainement à l'époque gallo-romaine, si même il ne la dépasse pas. Il pourrait donc être Ségora; mais l'est-il?

Danville et Samson (ce dernier dans ses cartes de l'ancienne Gaule) y placent le point intermédiaire de la voie romaine de *Limonum* à *Portus-Namnetum;* dom Bouquet et l'abbé Lebœuf semblent penser ainsi, sans positivement nommer Bressuire, mais en l'indiquant par sa position; et si l'abbé Bellay n'a pas cru devoir indiquer le point actuel sur lequel avait existé Ségora, il avait toujours bien établi que la voie romaine passait, sinon à Bressuire, au moins tout près de cette ville, à Breuil-Chaussée, lieu par lequel Danville la fait aussi passer.

Dom Fonteneau, se fondant sur ce qu'Airvault est sur la voie la plus droite pour aller de Poitiers à Nantes, et sur ce que son pont lui paraît être d'architecture romaine, y place Ségora. Dufour, d'après lui, la met au même lieu; Desvaux (d'Angers), et Bizeul (de Blain, Loire-Inférieure), séduits sans doute par la conformité du nom, à la Sigourie, commune du Fief-Gauvin, près Beaupréau, sur la gauche de la Loire; Baudin, à Montreuil-Bellay ou à Lezon (ou Lezan), situé dans l'angle formé par la jonction de la rivière du Thouet et de la Dive; MM. de la Sauvagère et de Caumont, à Doué; Massé (Isidore), à Mortagne; M. Valckenaer, à Segré; Ogée, sans parler de Ségora, trace la route de Condivicnum, ou Condivincum (aujourd'hui Nantes), à Limonum (Poitiers). Il la fait passer naturellement dans la voie romaine de Limonum à Julio-Magus (Angers), dit maintenant le chemin de St-Hilaire, ce qui était la grande route de Poitiers à Nantes, telle qu'elle avait été arrêtée avant la révolution de 1789, et que je l'ai vue, depuis 1816, jusqu'à la confection du chemin de grande communication de Bressuire à Châtellerault. Elle avait la largeur de la route nationale de Bordeaux à Rouen, mais elle n'était encore qu'en tracé.

M. de la Fontenelle de Vaudoré, notre très-vénéré et très-regretté confrère, en suivant les mêmes errements dans ses recherches sur la voie romaine de *Limonum à Portus-Namnetum* (1), pensait, lui, que c'était à Secondigny qu'on doit placer Ségora, comme première mansion, la seconde à Caminum (St-Pierre-du-Chemin), une troisième à Durinum (St-Georges-de-Montaigu), et enfin une quatrième à Déas (Saint-Philbert-de-Grand-Lieu). De là, dit-il, on arrivait aisément à Portus-Namnetum (Nantes). Cet itinéraire, à partir de Durinum seulement, il le prend dans Dufour, qui avoue ne le donner que conjecturalement (2).

La plupart de ces savants ont établi leur opinion sur le rapport de la distance des lieux, d'après la table Théodosienne et la carte de Peutinger; mais M. de la Fontenelle, plus particulièrement, comme il le déclare, sur la certitude d'une voie romaine très-solide et peu interrompue de l'un à l'autre des deux points qu'il a choisis, le premier à Secondigny, l'autre à St-Philbert-de-Grand-Lieu, en prétendant que de l'Ajon, près Gourgé, à Bressuire, et de Bressuire à Nantes, il n'a jamais existé aucune trace de voie romaine.

Dans cet état de choses, M. de la Fontenelle ayant été le premier à demander, dans son savant travail, que *les opinions s'émissent pour que la lumière se fît*, je viens émettre la mienne, mais d'autant plus timidement qu'elle n'a de rapport avec aucune de celles connues; cependant je la crois fondée, et, sans l'avoir jusqu'à ce jour établie positivement devant vous, Messieurs, je vous l'ai fait pressentir du moment où je vous ai dit croire à l'antique

---

(1) Recherches sur les voies romaines de Limonum à Julio-Magus et de Limonum à Portus-Namnetum ; Bulletins de la Société des Antiquaires de l'Ouest, 3e volume.

(2) Dufour, de la page 186 à celle 207.

existence d'une ville gallo-romaine considérable, enterrée dans la plaine des Crânières, commune de Faye-l'Abbesse (Deux-Sèvres). Ce pressentiment, je lui ai donné du corps, je l'ai amené, je crois, à l'état de réalité, quand du sein de cette terre j'ai tiré en quantité des briques et des tuiles à larges rebords, des cous et des fonds d'amphores, des chapiteaux, des corniches, des pilastres, d'immenses débris de grossière poterie et, parmi eux, de délicieux bas-reliefs sur la plus fine poterie romaine avec le nom romain du potier ; quand j'ai retrouvé une couche, sans mélange, de seize centimètres de profondeur, de charbon réduit en poussière, sur une étendue de plus de vingt hectares de terrain, et partout entre ces diverses couches de terre, de briques, de tuiles, de poterie et de poussière de charbon, de nombreux ossements d'hommes et de chevaux. Là fut une cité, le fait n'est pas contestable ; elle fut gallo-romaine ; ses briques, ses tuiles, sa poterie, la nature de ses bas-reliefs et de ses médailles, tout le dit. Quel était donc son nom ? Ma réponse est : *Ségora*. Je soutiendrai cette prétention jusqu'à ce qu'Airvault, Montreuil-Bellay, Ségré, Mortagne, Lezon (ou Lezan), la Sigourie, Secondigny, Bressuire lui-même, me produisent des titres qui l'emportent sur ceux-ci, qui, du moins, les égalent, ce qui n'a pu jusqu'à ce jour être fait.

Quant à la voie romaine sur ce parcours que demandait M. de la Fontennelle pour donner à Bressuire le nom de Ségora, ce qu'il demanderait sans doute aussi pour le donner aux Crânières, notre illustre confrère me la fournit jusqu'à Faye-l'Abbesse, tout en attribuant au grand St Hilaire, il est vrai, la partie de cette voie qui y conduisait de l'Ajon. Mais cette dernière opinion, je la crois sans fondement, et je la combats en traitant de Faye-l'Abbesse : vous entendrez bientôt mes raisons, et vous jugerez, Messieurs. En attendant, je conclus par dire, comme M. de la Fontenelle, que Bressuire n'était pas Ségora ; mais en ajoutant, contrairement à son opinion, que cette mansion était bien dans cette direction et dans la plaine des Crânières, commune de Faye-l'Abbesse. Je ne doute même pas que, si les découvertes que nous venons de faire eussent eu lieu du temps des auteurs que je viens de citer, toute contestation sur ce point n'eût cessé ; et je puis d'autant plus me permettre cette assertion que ce ne serait point par la force du raisonnement, par la prétention de l'intelligence, même par la science, qu'on arriverait à la conviction, mais par la simple lecture d'une page historique, que la terre nous avait jusqu'à ce jour cachée.

ÉPOQUE FÉODALE.

Dreux-Duradier dit que, dès l'origine de la féodalité, Bressuire fut une baronnie, et Dom Fonteneau, en citant les archives royales, ne lui accorde ce titre qu'à partir de 1349, époque à laquelle cette seigneurie aurait été érigée à ce titre en faveur de Jacques de Beaumont par Charles VII (1). Elle dépendit de la vicomté de Thouars, depuis que par ruse et séduction ses vicomtes eurent changé leurs attributions administratives et judiciaires en haute et puissante seigneurie (2). Ses premiers seigneurs connus sont les Beaumont; ils prenaient leur nom d'une terre située dans la commune de Nueil-sous-les-Aubiers (Deux-Sèvres). Cette maison, très-illustre et très-ancienne, originaire du Poitou, auquel elle a donné quatre grands sénéchaux, s'est éteinte depuis plusieurs siècles. Dom Fonteneau croit que l'antique châtellenie de Beaumont, qui faisait partie de la baronnie de Mortagne ou de la vicomté de Tiffauges, est le berceau de cette famille, dont l'origine se perd dans la nuit des temps.

La maison de Beaumont-Bressuire s'est divisée, selon la Chesnaye des Bois, en trois branches : celle de Bressuire, celle de la Jarrie et celle de Glénay (3).

Maison de Beaumont-Bressuire.

Nous n'avons à nous occuper ici que de celle de Bressuire; elle commence en 1060, et ne finit qu'en 1508.

Les seuls personnages remarquables de cette branche dans ce long espace de temps sont :

(1) On verra la contradiction à l'article Jacques de Beaumont.
(2) M. Allonneau, dans son mémoire sur la puissance des vicomtes de Thouars.
(3) Dom Fonteneau et Beauchet-Filleau, d'après le premier dictionnaire de la noblesse du Poitou.

1° En 1060, Thibault de Beaumont, premier connu du nom, qui, en 1066, prit part à la conquête de l'Angleterre sous la bannière d'Aymery IV, vicomte de Thouars, et, comme son suzerain, il ne voulut pas faire d'établissement fixe en Angleterre; il se contenta d'en revenir chargé d'or (1).

2° Un second Thibault de Beaumont. Aimery VI, vicomte de Thouars, accordant trêve à Louis VIII, en 1224, depuis la fête de St-Jean-Baptiste jusqu'à l'accomplissement de ladite année, le donna pour caution de l'acte fidèle des conventions stipulées, en lui adjoignant Simon de Chausseroye (2).

3° Raoul de Beaumont, au mois de mars 1249, était présent à un traité passé entre deux nobles chevaliers, relativement à la forêt de la Faye-Banchereau, et en mai 1252 il promit au roi St Louis et au comte de Poitiers de les servir contre tous de sa personne et de ses places.

4° 1267. Un Thibault de Beaumont, seigneur de Bressuire, fut l'un de ceux du Poitou qui souscrivirent avec Alphonse, comte de cette province, frère du roi St Louis, la charte sur les rachats.

On voyait autrefois, dans le trésor du château de la Durbelière, plusieurs actes des mois de janvier et de mai 1286, dans lesquels on donnait à ce seigneur le titre de chevalier (3).

5° 1299. Un autre Thibault de Beaumont, seigneur de Bressuire, donna et octroya, par acte du 15 mars 1299, tant pour lui que pour ses successeurs, et d'après une somme convenue, à Jean Moreau dit Gouleda et à ses hoirs, tous les droits que lui Thibault possédait, à raison de sa femme, dans la *ville* de Cerizais (4).

6° 1310. Un Thibault de Beaumont (cinquième du nom de Thibault) était chevalier, seigneur de Bressuire et de Glenay.

7° 1372. Louis de Beaumont, seigneur de Bressuire, marcha sous les drapeaux de Du Guesclin contre Thouars, et prit part au siége de cette ville et aux combats qui le suivirent un an seulement après que son château eût été pris d'assaut par ce même

---

(1) Archives royales citées par dom Fonteneau et relatées par Beauchet-Filleau.
(2) Dom Fonteneau.
(3) Beauchet-Filleau.
(4) Dom Fonteneau.

Du Guesclin. Il était alors sous la suzeraineté anglaise ; nos victoires venaient de le rendre à la France.

8° 1459. Jacques de Beaumont, chevalier, seigneur de Bressuire, de Chiché et de la Haye en Touraine. Il ajoutait à ces titres ceux de conseiller et de chambellan du roi, de sénéchal des provinces du Poitou et d'Angoumois, de gouverneur de la vicomté de Thouars et de commissaire du roi sur ladite terre, alors entre les mains de Sa Majesté.

Cette châtellenie fut érigée en baronnie en sa faveur par le roi Charles VIII (1).

C'est sous ce titre de gouverneur de la vicomté de Thouars qu'il s'est malheureusement rendu trop célèbre, en connivant, par ambition, avec Philippe de Commynes, à l'instigation de Louis XI, pour dépouiller Louis d'Amboise de sa vicomté de Thouars, en s'en saisissant au nom du roi le 24 février 1469, époque de la mort du vicomte, sans tenir compte des réclamations des héritiers légitimes. Les remords du roi, la restitution qui en fut la suite ne peuvent effacer la tache qu'imprima sur son nom le plus élevé et le plus puissant des Beaumont.

Il ne laissa que trois filles :

1° Jeanne, dame de Bressuire, mariée à Thibault de Beaumont, seigneur de la Forêt et de Commequiers, et qui le rendit ainsi seigneur de Bressuire, de Chiché, de Moncoutant, du Plessis-Macé et de Gonnor. Il fut gouverneur d'Anjou, et mourut sans postérité avant 1508 ;

2° Philippe de Beaumont, qui devint dame de Bressuire et de Chiché en 1508, par la mort de sa sœur aînée. Elle était, avant ce temps, mariée à Pierre de Laval, seigneur de Lezay, fils de Guy de Laval, seigneur de Lezay, et de Charlotte de Ste-Maure ;

3° Louise, mariée à André de Vivône, seigneur de la Châtaigneraie, chambellan du roi.

---

(1) En commençant l'époque féodale, j'ai eu soin de faire remarquer que je signalerais à cet égard la contradiction entre Dreux-Duradier et dom Fonteneau. Il n'est pas douteux que l'erreur provient du premier ; dom Fonteneau parle toujours preuve en mains, et Dreux-Duradier n'en donne aucune.

Maison de Laval-Lezay.

Me voici arrivé aux Laval, et je commence par :

1° Pierre de Laval, époux de Philippe de Beaumont, seigneur de Loué, de Lezay, Benais et Montsabert, et, par sa femme, de Bressuire et de toutes les seigneuries en dépendant. Il ne prenait que le titre de seigneur de Marcillé.

Il fut un des trente-neuf députés aux états du royaume assemblés à Nantes, le 15 janvier 1498, pour ratifier la paix conclue à Étaples-sur-Mer avec le roi d'Angleterre, au mois de novembre 1492. Il mourut âgé de 80 ans, le 18 octobre 1528, et fut enterré à l'église de Benais. Il prit les armes pleines de Montmorency-Laval, comme aîné de cette branche, en 1464. Philippe de Beaumont, sa femme, mourut trois ans avant lui, après presque cinquante ans de mariage avec lui ;

2° Gilles de Laval, leur fils aîné, seigneur de Loué, Benais, Bressuire, Chiché, Maillé, la Roche-Corbon, la Haye, ces trois dernières seigneuries situées en Touraine, la Mothe-Saint-Héraye et Pont-Château. Il épousa, environ l'an 1500, Françoise de Maillé. Il mourut avant l'an 1552 ; sa femme était morte en 1534.

3° Le fils qui lui succéda fut René de Laval, seigneur de Bressuire, Chiché, Maillé, la Mothe-Saint-Héraye, vicomte de Brosse, marié par ses père et mère, le 11 mars 1531, avec Jeanne de Brosse, dite de Bretagne, sœur de Jean de Brosse, dit de Bretagne, comte de Penthièvre et de Périgord, et fille de René de Bretagne, comte de Penthièvre, et de Jeanne de Connes. Il mourut peu après et avant son père, sans postérité masculine.

4° Gilles de Laval, second du nom, seigneur de Loué, Benais, Maillé, Bressuire, Chiché, la Roche-Corbon, vicomte de Brosse, succéda à René de Laval, son frère aîné, dans ces diverses seigneuries. Il épousa en 1536 Louise de Ste-Maure, fille de Jean de Ste-Maure, comte de Nesle et de Joigny, et d'Anne d'Humières.

5° Son successeur en cette baronnie fut son fils aîné, Jean de Laval, marquis de Nesle, comte de Joigny et de Maillé, vicomte de Brosse, baron de Bressuire, de la Roche-Chabot, de la Mothe-Saint-Héraye et de l'Isle-sous-Montréal, seigneur de Loué, né le

24 avril 1542, marquis de Nesle et comte de Joigny après la mort de Charles de Sainte-Maure, son cousin germain. Le roi Charles IX l'honora du collier de son ordre et le fit gentilhomme de sa chambre, et le roi Henri III lui donna, le 17 avril 1578, la seconde compagnie des cent gentilshommes de sa maison, et érigea en sa faveur la baronnie de Maillé en comté. Il mourut le 20 septembre de cette même année. Il avait épousé Renée de Rohan, veuve en premières noces de François de Rohan, seigneur de Gié et du Verger, et en secondes, de René de Laval, seigneur de Loué, frère puîné de son mari.

6° Guy de Laval, fils aîné du précédent, marquis de Nesle, comte de Joigny et de Maillé, vicomte de Brosse, baron de Bressuire, de la Mothe-Saint-Héraye, seigneur de Chiché et de Loué, châtelain de la Roche-Corbon, de Benais et des Écluses, gentilhomme de la chambre du roi et capitaine de cinquante hommes d'armes de ses ordonnances, né le 28 juillet 1565. Il épousa Marguerite Hurault, fille de Philippe Hurault, comte de Chivernay et de Limonne, chancelier de France, et d'Anne de Thou. Il mourut, sans enfants, d'une blessure qu'il reçut à la bataille d'Ivry, en 1590, en combattant pour le roi Henri IV.

Maison de Fiesque-Lavagne.

1° François de Fiesque, comte de Lavagne et baron de Bressuire, qui épousa en 1609 Anne Leveneur, dame d'atour de Madame, duchesse d'Orléans, et gouvernante de Mademoiselle, fille de Jacques Leveneur, comte de Tillières, chevalier des ordres du roi, tué au siége de Montauban, à la tête de son régiment, en 1621.

2° Charles-Léon, comte de Fiesque, de Lavagne et de Bressuire, marié, en l'an 1634, à Gillonne Harcourt, veuve de Louis de Bouilly, marquis de Piennes, fille de Jacques de Harcourt, marquis de Beuvron, et de Léonor Chabot de Jarnac.

3° Jean-Louis-Marie, comte de Fiesque, de Lavagne et de Bressuire. Il mourut sans avoir été marié, le 28 septembre 1708, âgé de 61 ans.

Maison de Dangeau.

1° Philippe de Courcillon, marquis de Dangeau, comte de Mesle et de Civray, baron de Sainte-Hermine, de Saint-Amant, de Château-du-Loir, de Lucé et de Bressuire, seigneur de Chausseroye et de la Bourdaisière, menin de monseigneur le dauphin, chevalier d'honneur de madame la dauphine, gouverneur de Touraine et de la ville de Tours, grand maître des ordres de Notre-Dame-du-Mont-Carmel et de Saint-Lazare-de-Jérusalem, conseiller d'Etat d'épée, marié, en secondes noces, à Marie-Sophie de Bavière de Lowestien, fille d'honneur de madame la dauphine. Il mourut le 9 septembre 1720.

2° Après lui vient son fils, Philippe-Égon, marquis de Courcillon, de Dangeau, comte de Mesle et de Civray, baron de Ste-Hermine, de St-Amant, de Château-du-Loir, de Lucé et de Bressuire, seigneur de Chausseroye et de la Bourdaisière, né le 19 juin 1687, colonel du régiment de Furstemberg-cavalerie en 1704; lequel eut une jambe emportée à la bataille de Malplaquet, en 1709; brigadier de cavalerie en 1710; gouverneur de Touraine en septembre 1712; il mourut le 20 septembre 1729, laissant de Françoise de Pompadour-Laurière, qu'il avait épousée en 1708, une fille unique, Marie-Sophie de Courcillon, laquelle épousa, le 20 janvier 1729,

Maison de Luynes.

Charles-François d'Albert-Dailly, duc de Pecquigny, qui fit ainsi entrer dans la maison de Luynes la baronnie de Bressuire (1).

C'est de cette maison que, vers la fin du siècle dernier, la baronnie de Bressuire est entrée, par acquêts, dit-on, dans la famille de M. Dabbadie, de St-Loup, près Airvault (Deux-Sèvres), qui paraît en posséder encore tous les domaines.

FAITS HISTORIQUES.

Bressuire, faisant partie du Poitou, a passé sous la domination

---

(1) Les généalogies des maisons de Laval, de Fiesque-Lavagne, de Courcillon-Dangeau et d'Albert-Dailly devenue d'Albert de Luynes, sont tirées de l'Histoire généalogique et chronologique du père Anselme, édition de 1726.

anglaise par le mariage d'Aliénor avec Henri II Plantagenet, roi d'Angleterre. Il est retourné à la France par la confiscation prononcée, contre Jean Sans-Terre, de tous ses domaines au royaume de France, par la cour des pairs, sous le règne de Philippe-Auguste. Par suite des conquêtes d'Édouard III, il appartint de nouveau à l'Angleterre, et il lui fut enlevé par Du Guesclin, pour ne plus lui retourner, en 1371.

Jean Sans-Terre, combattant pour la conservation de ses domaines, y passa en armes le 30 septembre 1206, et y séjourna le lendemain 1er octobre (1).

Sous les deux règnes de Philippe-Auguste et de Louis VIII, les seigneurs de Bressuire avaient marché contre eux sous la bannière d'Amaury VI, vicomte de Thouars, en faveur de Jean, dont ils étaient alors les vassaux.

En 1372, un an après la prise de sa ville et de son château de Bressuire, Louis de Beaumont, de gré ou de force, l'histoire n'en dit rien, marcha, comme je l'ai déjà dit en parlant de ce seigneur, sous les drapeaux de Du Guesclin contre Thouars, et prit part au siége de cette ville et aux combats qui le suivirent (2).

Dans le XVIe siècle, l'armée de la religion prétendue réformée y passa après sa défaite à Moncontour (3).

Dans la guerre dite de la Vendée, il y eut, par l'armée républicaine, deux fois, la première en 1792 et la dernière en mai 1793, un massacre des prisonniers vendéens (4).

A leur début, les Vendéens s'armèrent d'une pièce de canon de douze qu'ils trouvèrent à Bressuire, et qui portait ou à qui ils donnèrent le nom de *Marie-Jeanne*. Elle venait du château de Richelieu, où le cardinal l'avait fait placer autrefois avec cinq autres. Elle était chargée d'ornements et d'inscriptions à la gloire de Louis XIII et du cardinal. Elle fut prise par les républicains à l'attaque de Fontenay, et reprise par les Vendéens sur la route qui mène à Niort,

(1) Mémoires de la Société des Antiquaires de Londres.
(2) M. Allonneau, de Thouars, dans son Mémoire sur la puissance des vicomtes de Thouars.
(3) L'abbé Expilly.
(4) Histoire des guerres de la Vendée, par Alphonse de Beauchamp, et Mémoires de Mme la marquise de la Rochejacquelein.

à une lieue de la première de ces villes (1). Les deux partis attachaient la plus grande importance à la conservation de cette pièce d'artillerie, de qui semblaient dépendre leur destinée (2).

Ce fut Westermann qui commença l'incendie du Bocage par le bourg d'Amaillou, près de Boismé; du château de Clisson, manoir des de Lescure, situé près de ce dernier bourg; de ce bourg lui-même, de Chiché, etc., etc. (3).

C'est en 1794 que le général Grignon part d'Argenton-le-Château, traverse la Vendée de l'est à l'ouest, met le feu à la ville de Bressuire, et livre à l'incendie tout le pays jusqu'au bourg des Herbiers (4).

ÉTABLISSEMENTS ET MONUMENTS ; LEUR ÉTAT ANCIEN ET LEUR ÉTAT ACTUEL.

Bressuire était très-fortifié; ses murs étaient flanqués, de distance en distance, d'épaisses tours dont les vestiges se voyaient encore à mon arrivée en cette ville ; à chaque point cardinal se trouvait une porte à baie plein-cintre et crénelée, flanquée aussi de chaque côté d'une forte tour. Celle de l'*est* était connue sous le nom de porte Giliot; celle de l'*ouest*, sous celui de Saint-Cyprien, qu'elle prenait, sans doute, du riche et beau prieuré qui se trouvait alors auprès; celle du *midi*, sous celui de St-Jacques, à cause de l'aumônerie de ce nom dont il sera ci-après parlé; et celle du *nord*, sous celui de la Bâte.

Son château offre encore de beaux restes que je n'essaierai pas de décrire; on les voit mieux que je ne les rendrais dans une belle lithographie jointe au récit de M. de la Fontenelle sur la conquête qu'en fit le grand connétable (5); tout ce que j'en pourrais dire ne pourrait en donner aussi bien l'idée que ce qu'en offre cette gravure.

Les paroisses de Bressuire étaient autrefois au nombre de trois :

(1) Histoire de la Vendée, par Alphonse de Beauchamp.
(2) Mémoires de Mme de la Rochejacquelein.
(3) *Ibid.*
(4) Alphonse de Beauchamp.
(5) Revue anglo-française.

1° *Notre-Dame*, devenue prieuré; 2° *St-Jean*, située dans le faubourg de ce nom, qui a existé jusqu'à la révolution, et qui ne consiste plus qu'en quelques pauvres débris; et *St-Nicolas-du-Château*, supprimée longtemps avant nos discordes civiles.

Aujourd'hui Bressuire ne forme plus qu'une paroisse sous le nom de *Notre-Dame*.

Le prieuré de Notre-Dame fut fondé en 1098 ou 1100 par Thibault de Beaumont, premier connu du nom, qui y plaça des moines d'Ansion, dépendant de l'abbaye de St-Jouin-de-Marne (1).

Les deux autres paroisses dépendaient aussi, en leur temps, de ladite abbaye, et elles étaient à la nomination du prieur de Bressuire, chef d'un couvent de bénédictins (2).

Il y avait aussi à Bressuire, et au-dessous du château, le prieuré de St-Cyprien. Il fut fondé en 1029 par Geoffroy, vicomte de Thouars, Ainor, sa femme, Savary, Raoul et Geoffroy, leurs enfants, qui donnèrent, franc de toute charge, leur bourg de Bressuire (ce qui s'entendait seulement du faubourg St-Cyprien) au monastère de St-Cyprien de Poitiers, qui conserva toujours ce prieuré tant que lui-même exista (3).

Le prieuré de Notre-Dame de Bressuire fut fondé, comme on l'a dit plus haut, en 1098 ou 1100.

Bressuire, lorsqu'il florissait, était le chef-lieu d'un doyenné fixé au lieu où est actuellement le bourg de St-Porchaire, à une lieue de cette ville (4).

Il y avait à Bressuire une aumônerie sous le vocable de St-Jacques. C'était là que logeaient ceux qui, au moyen âge, allaient en pèlerinage à St-Jacques de Compostelle, en Espagne (5).

Rien n'existe maintenant du prieuré et de l'aumônerie.

On y trouvait aussi, en 1539, un couvent de religieuses du tiers-ordre de St-François. Marie Raoul était, en cette année-là, la mère et administratrice de cet ordre (6).

Le 3 juin 1804, Jean de Beaumont (de Bello-Monte), seigneur de Bressuire, et sa femme, Mathurine d'Argenton (de Argentonio), et

(1, 2, 3, 4 et 5) D'après les manuscrits de dom Fonteneau et de Dreux-Duradier qui y avait puisé.

(6) Dom Fonteneau, vol. 25, pages 791 et 803, et Dreux-Duradier (Bibliothèque du Poitou).

Gui de Beaumont, seigneur de Sigournai (de Sigornario), leur neveu, fondèrent le monastère des Cordeliers de Bressuire. Dans cet établissement religieux, on a conservé longtemps un manuscrit précieux d'un savant né près de là (à Beaulieu), de Raoul Ardent, chapelain de Guillaume le Vieux, comte de Poitou et duc d'Aquitaine, intitulé : *Speculum ardentis* (1).

L'emplacement des Cordeliers a été employé, en 1820, à construire des halles en granit et formant arcades, très et trop étroites, sur les deux côtés d'une cour non moins étranglée, terminée par un hôtel de ville d'assez médiocre effet, et fermée par une assez belle grille en fer et à deux battants.

En creusant dans l'église de ce monastère, on a trouvé le monument funéraire de la fondatrice, Mathurine d'Argenton. Il était formé d'une pierre calcaire à grain serré et très-dur, de la longueur de deux mètres et demi sur un peu plus d'un mètre et demi d'épaisseur. Elle y était représentée couchée et les mains jointes, ses cheveux tressés et relevés de chaque côté; une espèce de couronne non fermée entourait sa tête, qui était appuyée sur deux coussins. Les pieds reposaient sur deux lions qui soutenaient un écusson non sculpté.

Les lecteurs de la *Revue anglo-française* remarqueront que je me rencontre entièrement ici avec M. de la Fontenelle en son mémoire sur la prise de la ville et du château de Bressuire par Du Guesclin; je dois donc faire observer que nous devions nécessairement l'un et l'autre dire les mêmes choses à cet égard, et de la même manière, ayant habité l'un et l'autre les mêmes lieux et à la même époque, et ayant été l'un et l'autre témoins de cette découverte au moment même où elle a eu lieu.

Il existait enfin à Bressuire, autrefois comme aujourd'hui, un hôpital et un collége. Le directeur de ce dernier établissement en 1774 était M. Gougeard, prêtre, sous le nom de principal. Le prix de la pension était de 60 livres pour les enfants de 12 à 18 ans; le principal fournissant de draps de lit, serviettes et coffres dans les chambres, de boîtes dans la salle d'études et de chandelle, faisant raccommoder les bas, payant le blanchissage du

(1) Dom Fonteneau, vol. 25, pages 791 et 803, et Dreux-Duradier (Bibliothèque du Poitou).

linge des élèves et les personnes qui venaient exactement chaque jour les peigner (1).

Tous les anciens établissements et monuments de Bressuire, moins l'église et les restes du château, sont aujourd'hui remplacés par les bâtiments modernes d'une sous-préfecture, d'un tribunal de première instance, d'une caserne, d'un hôtel de ville et de halles en pierres de taille ; il y existe encore un collége, tenu aussi par un ecclésiastique, où l'on enseigne jusqu'aux humanités inclusivement, mais à prix de pension, quoique modéré, plus considérable que celui de 1774, comme on doit le penser ; il y a toujours un hôpital, et, au lieu de religieuses du tiers-ordre de Saint-François, un couvent d'ursulines.

Guyard de Berville s'exprime ainsi en parlant de Notre-Dame de Bressuire et de son clocher :

« La tour ou clocher de l'église de Notre-Dame est un monument remarquable dans cette province. Son élévation, sa solidité, le fini de son travail, le font regarder par les connaisseurs comme un monument d'architecture très-curieux. On lit au bas l'inscription suivante :

PARACHEVÉ L'AN, PAR L. GENDRE ODONNET, MVLII.

» Il avait alors près de 180 pieds de hauteur. Ce doit être les Laval, descendants de Philippe de Beaumont, épouse de Pierre de Laval, qui ont fait achever le clocher et l'église.

» L'église peut attirer les regards. Elle est construite solidement ; le chœur en est beau ; *tout le vitrage est peint* en entier ; aucune figure n'est dégradée ; la vivacité des couleurs est toujours la même : il y a lieu de croire que l'église et le clocher ont été construits par les Anglais, qui ont possédé si longtemps cette contrée. »

L'abbé Expilly, dans son Dictionnaire géographique, historique et politique des Gaules et de la France, dit, au sujet du clocher et de ce beau vitrage, en parlant de Bressuire : « On y remarquait encore, en 1728, les vitres de l'église et la tour ou clocher. Quand l'air était serein, cette tour se voyait de 8 grandes lieues. C'était un fort bel ouvrage qui fut achevé en 1542 ; mais, le 6 juillet de la-

(1) Affiches du Poitou, par Jouyneau-Desloges, n° du 6 mai 1773.

dite année 1728, il y eut en cette ville un orage épouvantable qui causa bien des maux, et, entre autres, la destruction de cette tour. Le tonnerre tomba sur la lanterne et la brisa. On y avait enfermé une cloche assez grosse ; mais toutes les pierres de la tour s'étant séparées et éboulées, il y en eut une partie qui tomba auprès d'un petit dôme où des pierres s'accumulèrent, et la cloche s'arrêta en cet endroit, couchée sur le côté. Une cinquantaine d'autres pierres tombèrent sur la charpente de l'église, qui en fut fracassée, *ainsi que les vitres dont la plupart même furent brisées*. On a réparé, depuis, en partie cette tour, mais elle n'est pas comparable à beaucoup près à celle qui a été détruite. »

Ce n'est donc point, comme le dit M. de la Fontenelle à la cinquième note de la page 366 du cinquième volume de la *Revue anglo-française*, en sa notice sur la prise de Bressuire et de son château, pendant et après la guerre de la révolution que ces beaux vitraux ont été détruits.

La nef de cette église est fort étroite, le chœur est très-large, la voûte très-hardiment élevée ; un autel à la romaine coupe l'église en deux parties. Au fond sont de massives colonnes en stuc ; aux deux côtés extrêmes de ce fond, deux autels décorés, l'un d'un tableau représentant saint Pierre, l'autre d'un tableau du Sacré-Cœur de Jésus ; au-dessus de ce fond, et également espacés, sont les quatre évangélistes sculptés de la manière la plus grotesque pour les formes et les proportions. A gauche du maître-autel, et vers le milieu du chœur, est une chaire également en stuc, un peu trop massive peut-être, et cependant d'un effet grandiose. Elle est surmontée de l'ange du jugement dernier libéralement doré. Aux deux côtés de la principale porte d'entrée, et dans l'étroite nef, est un autel où la dorure n'a peut-être point aussi été assez épargnée. Rien de plus mauvais goût que les fresques modernes qui décorent cette église, à l'exception pourtant de celles qui ornent la voûte du chœur. On y voit sur les parois des saints d'une taille gigantesque, que des anges d'une taille plus gigantesque encore, pour proportionner sans doute leur force au poids qu'ils doivent soulever, transportent à grand'peine au ciel, et, pour achever l'œuvre, des croisées figurées dont les rideaux, figurés aussi, sont relevés en draperie. On se croirait là dans un vaste salon, n'étaient les ornements sacrés du centre. Et tout cela, dit-on, a coûté fort cher, extrêmement cher. Si cela est, on aurait mieux fait, je crois, de se servir de cet argent pour rétablir le beau vitrage qui peut-être aurait coûté moins cher. Il serait à désirer qu'une grande partie des revenus de la fabrique s'employât à le faire renaître, et il est bien à regretter que ceux qui ont écrit sur ce vitrail ne nous en aient pas dit le sujet.

CE QU'ÉTAIT AUTREFOIS L'IMPORTANCE DE BRESSUIRE ET CE QU'ELLE EST AUJOURD'HUI.

Guyard de Berville dit qu'en 1371, époque de sa conquête par le grand connétable, elle était une ville très-considérable par le nombre et la richesse de ses habitants, par la bonté de ses fortifications et surtout de celles du château. Elle avait un gouverneur, une garnison de six cents hommes, et elle soutint un siége dans les formes. Les Anglais en étaient maîtres; Du Guesclin la prit d'assaut et par escalade (1). Toute la garnison fut passée au fil de l'épée, la ville fut pillée par le soldat, qui y fit un riche butin. Le château, craignant le même sort de la part d'un général dont la valeur avait comme enchaîné la victoire à la suite de ses armes, capitula et se rendit. Il était flanqué, de proche en proche, de bonnes tours. Les restes qui en existent annoncent qu'il dut être aussi magnifique que bien fortifié.

Voyons maintenant Bressuire en 1773, d'après Jouyneau-Desloges (2).

« Les malheurs de la guerre, la misère des temps, les causes générales de dépopulation ont réduit cette ville à un état de décadence très-fâcheux. L'enceinte de ses murs, dont les restes ne servent, avec de fréquentes réparations, qu'à assurer les deniers du tarif, rappelle toujours à nos regrets qu'elle fut capable de contenir une cité nombreuse. Je n'oserais porter le nombre de ses habitants à trois mille. Il dut être au moins triple autrefois. Des jardins, des prés, des champs sont où étaient des maisons. Quelques-unes sont entièrement écroulées et abandonnées, d'autres sont inhabitées et

---

(1) Histoire du célèbre Du Guesclin, tome 2, page 302.
(2) Jouyneau-Desloges, Affiches du Poitou, numéro du 6 mars 1773, page 70.

subiront vraisemblablement le même sort. La cause de cet abandon, de cette désertion, est inconcevable. Il n'y a peut-être pas de ville en Poitou où la vie soit à meilleur marché ; on y est logé très-bourgeoisement pour 60 liv., 70 liv. et 80 liv. par an. Le pays produit toutes les denrées nécessaires. Les marchés sont bien fournis. Cette ville peut être regardée comme un des bons greniers du Poitou. Nos foires, au nombre de neuf par an, sont également bonnes, surtout pour le bétail à cornes, qui y abonde. Nos marchés, pendant plus de six mois de l'année, sont des espèces de foires pour le même bétail. Nous avions autrefois un grand nombre de métiers où on faisait une étoffe de laine sur fil connue sous le nom de tiretaine, qui sert au vêtement du peuple de la contrée, et que l'on porte aux foires de Caen et de Guibray. Cette manufacture est bien tombée par la cherté des laines, surtout par une banqueroute considérable dans laquelle presque tous les habitants de la ville et des environs se sont trouvés enveloppés. »

Lors de la révolution de 1789, dit M. de la Fontenelle, Bressuire conservait encore sa population de 3,000 habitants, réduite précédemment à ce nombre par la révocation de l'édit de Nantes ; mais cette ville, brûlée en entier en 1794 par la colonne infernale du général Grignon, eut peine à se relever de ces cendres, et sa population, qui ne fut plus d'abord que de 6 à 700 habitants, ne doubla qu'au bout de quelques années, lorsqu'elle fut devenue chef-lieu d'arrondissement. Mais, depuis l'ouverture de huit routes qui partent de ce centre (depuis 1830), sa population est remontée au chiffre de trois mille, et ne peut que s'accroître désormais (1).

Aujourd'hui ce qu'écrivait M. de la Fontenelle en 1836 ne s'est pas encore réalisé ; point de progrès très-sensibles ; je ne crois même pas que Bressuire ait atteint ce chiffre de trois mille habitants dont il fait son point de départ. L'atteindra-t-il ? ira-t-il bientôt au delà ? Je le désire et n'ose le croire. Je pense que si son chemin de grande communication de là à Châtellerault se transformait en route départementale, cette transformation réaliserait les

(1) Notes du mémoire de M. de la Fontenelle sur la prise de la ville et du château de Bressuire, déjà citées.

désirs et les espérances de M. de la Fontenelle, qui sont bien vivement les miens et les miennes, parce qu'elle ouvrirait des rapports de commerce beaucoup plus étendus entre le Bocage et le Berry.

FAYE-L'ABBESSE.

Le nom de Faye vient sans doute à ce bourg, comme à tous ses homonymes, du mot latin *fagus*, ce pays ayant longtemps été considérablement boisé ; celui de l'Abbesse lui vient de ce que ce bourg et toutes ses dépendances ont fait, jusqu'à la suppression des ordres monastiques, partie des domaines de l'abbaye de St-Jean-de-Thouars, à laquelle le roi Lothaire les donna avec ceux situés dans la commune de Missé, par une charte en date du 17 juin 973, en en accordant la possession viagère à Arbert, vicomte de Thouars (1); ce qui résulte aussi, suivant dom Fonteneau, d'une bulle d'Alexandre III, datée de 1169, qui, en mettant sous la protection du saint-siége l'abbaye de St-Jean-de-Thouars, confirme tous les biens de cette abbaye dans la nomenclature desquels on lit : *ecclesiam sancti Hilarii de Faya et domum juxta ecclesiam cum tota villa de Faya et omnibus pertinentibus suis* (2).

En 1557, cette maison, située près de l'église et nommément comprise dans la bulle protectrice, appartenait à Guillaume Rossard, prieur des Aubiers, qui la donna, le 29 août de ladite année, à l'abbaye de la Trinité de Mauléon (Châtillon-sur-Sèvres), pour fondation d'une messe. Le père Thieulin dit, en parlant de ce don, la maison de Faye, dite présentement l'*Abbaye* (3).

C'est encore sous ce même nom d'abbaye qu'est même aujourd'hui connue cette maison, dont faisait partie une vaste grange où se serra, jusqu'à la révolution de 1789, tout le blé de dîmes revenant à l'abbaye de St-Jean-de-Thouars, de ceux de ses domaines situés en cette contrée et aux environs, grange maintenant convertie en maison d'habitation, et occupée par le notaire du lieu.

Les desservants de l'église de ce bourg étaient à la nomination

---

(1) Histoire de Thouars, par Berthre de Bourniseaux, page 90.
(2) Dom Fonteneau, vol. 26, page 96.
(3) Dom Fonteneau, vol. 17, pages 300 et 301.

de l'abbesse de St-Jean-de-Thouars, et c'est de là, je pense, que les habitants ne leur donnaient pas d'autre nom que celui de M. l'abbé, dénomination qui leur est encore appliquée par la plupart des vieilles gens.

Le vocable de St Hilaire a été donné à l'église de Faye-l'Abbesse en reconnaissance de la grande affection que lui porta ce grand et saint évêque, qui se plaisait à y aller souvent officier, et qui y disait la messe sur un marbre ou autel portatif, qui lui aurait servi au même usage pendant son exil (1). Ce précieux marbre, sur lequel cet intrépide défenseur de la foi aurait posé ses saintes mains, est entouré d'un large et épais cercle d'argent, de forme ovale ; il est l'objet de la vénération publique, et tous les départements de l'Ouest lui attribuent une telle vertu, que presque tous les infirmes de ces départements y viennent recourir à toute époque et en toute saison.

L'église était primitivement composée d'une nef et d'un seul bas côté, tous les deux très-bas et plus semblables à une grange qu'à une église ; le chœur seul était et a toujours été voûté, mais très-grossièrement. Il est divisé en deux parties : le sanctuaire à droite, et l'autel de la Sainte-Vierge à gauche, tous les deux presque de même largeur et de même étendue, séparés de la nef par une balustrade en bois peint. A gauche en partant du sanctuaire, et presque en ligne avec la balustrade, est un troisième autel dédié à St Symphorien, considéré comme second patron de cette paroisse, St Hilaire en étant le premier et le principal.

Ces trois autels, tout en bois et d'un genre antique, d'un très-bon effet, sont agréablement sculptés en élégantes guirlandes bleu-lapis et argent ; mais celui du sanctuaire est de beaucoup préférable aux deux autres. Son tabernacle contient un calice en vermeil d'une haute antiquité, et du nombre de ces vases précieux dont Mgr Guitton, notre dernier évêque, a recommandé la conservation à son clergé.

L'entrée principale, placée dans le bas côté, est fort peu majestueuse ; dans la nef, et à peu près vis-à-vis cette porte, en est une

---

(1) M. de la Fontenelle, dans ses Recherches sur la voie de Limonum à Portus-Namnetum (Bulletins des Antiquaires de l'Ouest, 3ᵉ volume).

petite donnant sur un terrain faisant autrefois partie du cloître qui faisait le tour de l'édifice.

Tout porte à croire que la nef était réservée aux quelques religieuses que l'abbaye de St-Jean y avait établies, et que le bas côté seul était réservé aux fidèles.

L'édifice formait, dans le principe, un petit carré parfait fort disgracieux, et, depuis l'addition au fond d'une partie du cloître, il forme maintenant un carré long bien plus dans les règles de l'art, et qui, plus agréable à l'œil, répond infiniment mieux au chiffre de la population paroissiale.

Du reste, cette église est dépourvue de toute sculpture; les murs en sont grossièrement faits en mauvaise rocaille revêtue de chaux grossière; celui d'eux qui séparait le bas côté de la nef était composé de quatre ou cinq ridicules arcades sans consistance et près de crouler quand on les a remplacées par des colonnes en bois, sinon plus élégantes, du moins plus solides. Les murs ont été raffermis; un briquetage revêtu de plâtre en a fait disparaître les aspérités; une voûte et une corniche de même nature, celle-ci faisant le tour entier de l'église, l'ont autant parée qu'il était possible avec les ressources d'une commune aussi pauvre que religieuse; je dis parée, parce qu'ici le plâtre ne déforme rien et n'a eu à effacer aucune des naïves peintures du moyen âge, qui sont le charme des plus nobles sanctuaires.

En 1762, ce bourg était du Poitou, diocèse et intendance de Poitiers, parlement de Paris, élection de Thouars, à 4 lieues et 1/3 S.-O. de cette ville; il contenait 156 feux (1).

Sa population n'a ni augmenté ni diminué; celle de la commune entière est d'environ 8 à 900 âmes; elle est maintenant du canton et de l'arrondissement de Bressuire. On y tisse en fil et laine, comme en cette ville. Son chemin de grande communication facilite ses rapports avec elle. Faye-l'Abbesse a beaucoup gagné en agrément et en propreté.

La colonne infernale du général Grignon, par précipitation de course sans doute, et non volontairement, je pense, a plus ménagé

---

(1) Dictionnaire des Gaules et de la France, par l'abbé Expilly.

4

ce bourg que tous ses voisins : cinq ou six maisons seulement y ont été incendiées par elle.

Considérons maintenant Faye-l'Abbesse sous un point de vue bien autre et bien plus important, à mes yeux du moins, car je me persuade que ce lieu a dû être une ville gallo-romaine, ainsi qu'il m'est permis de le croire d'après les découvertes qui y ont été faites, et dont j'ai eu l'honneur de vous donner connaissance, Messieurs, dans vos dernières séances de 1851.

Si Bressuire n'est pas Ségora, comme l'a voulu prouver notre très-savant et très-regretté collègue, M. de la Fontenelle de Vaudoré, par le consciencieux travail dont il a enrichi nos Bulletins, Faye-l'Abbesse doit être plus qu'une villa, plus qu'une station, puisqu'il est impossible qu'une réunion d'habitations d'une étendue de plus de vingt hectares puisse exister à une très-grande distance d'une grande cité, et qu'une station ne produit pas les nombreux monuments que font supposer les très-nombreux et remarquables débris que nous y avons trouvés. Il faut donc que ce lieu ait été une ville assez considérable, peut-être même plus que Bressuire à cette époque, conjectures que je n'oserais former, encore moins émettre, si les découvertes qui ont eu lieu aux Crânières, près de ce bourg, n'y donnaient, ce me semble, un solide fondement (1).

Mais comme une ville ne peut exister sans abords, d'où venait-on à la vôtre? me dira-t-on, et où allait-on en en sortant?

Je réponds mot à mot, d'après l'itinéraire de M. de la Fontenelle de *Limonum* à *Julio-Magus*, « en suivant le chemin appelé
» depuis le chemin de Saint-Hilaire, jusqu'à la métairie de la
» Chaussée-Foubert, commune de Thénezay, où, peu après, cette
» voie fait une fourche, dont la branche droite, passant près de
» Thénezay, va joindre Marnes et Saint-Jouin-des-Marnes, Noizé,
» Chilleau, etc., jusqu'à son arrivée à *Julio-Magus*, et dont la
» gauche se dirige entre les bois de Pressigny et de Barges, passe
» sur le pontreau des Hommes, commune de Thénezay, et arrive
» au château de la Chaussée-de-Gourgé, nom indicatif d'une

(1) J'ai été puissamment aidé dans mes recherches par MM. Jules Trinchot, propriétaire, et Dumarets, notaire, à Faye-l'Abbesse. Je leur en adresse ici mes remerciments.

» voie romaine; arrive à Gourgé, où elle passe le Thouet sur
» un pont de construction très-ancienne et probablement d'ori-
» gine romaine; arrive au ruisseau du Cesbron, qu'il passe dans
» un gué très-large et soigneusement pavé; arrive au village de
» l'Ajon, commune de la Boissière-Thouarsaise. On pourrait
» peut-être, dit là M. de la Fontenelle, y voir *une direction sur Bres-*
» *suire pour arriver à Nantes.* Mais cette ligne, si elle était conti-
» nuée, ajoute-t-il, *n'allait-elle pas plutôt vers Faye-l'Abbesse*, où on
» conserve le marbre autel portatif de St Hilaire, qui lui a servi,
» prétend-on, pour dire la messe pendant son exil? Cette dénomi-
» nation de chemin de Saint-Hilaire, continuée à cette branche de
» gauche comme à celle de droite, *semble* exclusive d'une voie
» romaine allant à Nantes, et se rattacher au souvenir du plus cé-
» lèbre des évêques de Poitiers. S'il en est ainsi, de ces deux
» routes, l'une l'aurait conduit à Cléré, son lieu de naissance, et
» l'autre à Faye-l'Abbesse, son lieu de prédilection, d'après la re-
» lique précieuse qu'il y a déposée; peut-être même ces deux voies
» de communication se réunissaient-elles vers l'Ajon. Toujours
» est-il que, de Bressuire à Châtillon (Mauléon), de Châtillon à
» Mortagne, et au delà, il n'existe pas, au moins je crois pouvoir
» l'assurer, de traces d'une voie romaine dans la direction de
» Nantes. »

Voilà en entier ce que dit M. de la Fontenelle, et il en résulte-
rait qu'il y aurait à la Chaussée-de-Thénezay, comme il y a en effet,
un embranchement à gauche de la voie romaine de *Limonum* à *Julio-
Magus*, lequel embranchement *romain* passerait sur le pont de
Gourgé, puis au château de *la Chaussée* de ladite commune, arriverait à l'Ajon et s'y arrêterait, et que la continuation de ce chemin
jusqu'à Faye-l'Abbesse, cessant d'être romaine, serait l'œuvre seulement du grand saint Hilaire, par suite de son affection pour ce
bourg. Mais qu'était donc l'Ajon à l'époque gallo-romaine, pour
qu'on y eût fait arriver un chemin qui s'y serait arrêté? M. de la
Fontenelle ne nous le dit pas; d'où il faut conclure qu'il ne le re-
gardait pas comme lieu d'importance, pas plus à cette époque qu'à
celle-ci, tandis qu'il le fait arriver à Faye-l'Abbesse, mais en le dé-
naturant, en l'attribuant à qui n'a pu penser à le faire faire, et cela
parce qu'il ne pouvait soupçonner ce qui était, parce qu'il ne

pouvait deviner la ville des Crânières, n'ayant jamais eu l'occasion
de mettre le pied dans cette plaine. La tradition l'en a peut-être
averti ; mais il en est tant de cette nature, en divers lieux, qu'il
n'aura pas cru raisonnable de s'y arrêter. Puis tant de raisons de
croire le portaient vers Secondigny! Ainsi la continuation de ce
chemin par Faye-l'Abbesse est bien une continuation de voie romaine ; personne n'en doute et n'en peut douter dans le pays; et si
cette conclusion n'a pu convenir à M. de la Fontenelle, parce qu'il
ne voulait pas, parce qu'il ne croyait pas pouvoir y établir Ségora,
parce que, dans son système, aucune trace de voie romaine, à
partir de l'Ajon, ne justifiait cette prétention, je réponds que je ne
tiens point du tout à ce que Bressuire soit Ségora, car je crois fer-
mement, depuis nos découvertes, que ce sont les Crânières qui l'ont
été, et je tiens raisonnablement, je crois, à ce que le chemin de
Gourgé, par lui reconnu romain jusqu'à l'Ajon, le soit aussi pour
tous jusqu'à Bressuire, en passant par Faye-l'Abbesse, je veux dire
par les Crânières ; que la nature de cette voie ne soit point changée
à partir de l'Ajon, puisque ce changement n'est fondé que sur
une supposition que rien n'appuie, et qu'au contraire la raison
combat ; et en réponse à son assertion de n'avoir rien trouvé de
voie romaine depuis l'Ajon jusqu'à *Namnetum*, j'en appelle au
souvenir des habitants du parcours de Faye-l'Abbesse à Bressuire ;
tous, ou presque tous, attesteront qu'il contenait trois morceaux de
telle voie, très-reconnaissables avant la création du chemin de
grande communication de Bressuire à Châtellerault, dans lequel
on les a fait disparaître. Je m'appuierai, non moins puissamment,
sur cette découverte, dans la plaine des Crânières, près du bourg de
Faye-l'Abbesse, et qui y descend en pente douce, d'immenses débris
romains, et, subsidiairement enfin, sur les croyances à cet égard
de dom Fonteneau. Voici ce que dit le savant bénédictin :

« La direction moderne est, à peu de chose près, conforme à
» l'ancienne, d'où je pense qu'Airvault était, comme il l'est au-
» jourd'hui, une des mansions de cette voie, et vraisemblablement
» la mansion Ségora. De là, après avoir passé la rivière du Thouet
» sur un pont de pierre encore existant, dont l'architecture ro-
» maine annonce une haute antiquité, on allait, *en droite ligne, à*
» *Bressuire.* »

De cette manière, quoique, selon moi, se trompant sur le choix de la mansion Ségora, dom Fonteneau admet une voie romaine de Faye-l'Abbesse à Bressuire, en la faisant venir, il est vrai, d'Airvault, ce que je n'admets point; et quant à celle de Faye-l'Abbesse, ou, si vous le voulez, de Bressuire à Nantes, que M. de la Fontenelle écrit n'avoir jamais existé, je m'en réfère à mes citations dans mes recherches sur Bressuire, que je viens d'avoir l'honneur de vous lire. Danville, Samson, l'abbé Lebœuf, dom Bouquet, dom Fonteneau lui-même, et Dufour, d'après lui, donnent cette direction de la voie romaine de *Limonum* à *Portus-Namnetum* d'après ces citations, soit en passant par Bressuire, ou seulement par Breuil-Chaussée, ce qui indique clairement qu'ils savaient positivement que, de ces lieux à Nantes, il y avait une voie romaine. Il ne faut donc plus l'aller chercher du côté de Secondigny, et la possibilité d'une Ségora sur cette voie est démontrée.

Passons à l'époque féodale.

Le 28 août 1200, Jean Sans-Terre passa par Faye, désigné par M. de la Fontenelle, dans le 2e tome de la 2e série de la *Revue anglo-française*, comme étant Faye en Poitou, et probablement Faye-l'Abbesse, puisque, d'après l'itinéraire de ce roi, tiré des *Mémoires de la Société des Antiquaires de Londres*, il était le 30 à Baugé, peu distant de ce lieu en passant par Argenton-le-Château, qui n'est qu'à un myriamètre et demi de ce bourg.

A environ deux kilomètres de Faye-l'Abbesse sont les restes, bien peu nombreux, du château de la Proustière, dont, d'après dom Fonteneau, Jacob Jaillard était seigneur en 1575. Les deux portes principales des murs d'enceinte sont assez bien conservées ; celle d'où l'on allait aux châteaux du Grand-Plessis et des Roches, commune de Geais, canton de St-Varrant, très-voisins de celui-ci, et dont, à la même époque, était seigneur Pierre de la Poyse, contient dans son épaisseur trois belles arcades ogivales soutenues par d'élégantes colonnettes. Outre ces portes existent encore les fossés, fort larges, et dans l'enceinte qu'ils forment s'est maintenu un assez haut pan d'un très-fort mur.

Voilà tout ce qui constate que là fut autrefois un château fort.

CHICHÉ.

D'après le *Dictionnaire géographique et historique des Gaules et de la France*, de l'abbé Expilly, édition de 1762, ce bourg, à cette époque, était, comme à présent, du Poitou, mais du diocèse de la Rochelle, parlement de Paris, intendance de Poitiers, élection de Thouars. On y comptait 273 feux. Il est situé sur la petite rivière du Thoiret, à quatre lieues et demie de Thouars.

Aujourd'hui le nombre de feux n'y dépasse pas 300; la commune est de 1,800 âmes. Elle fait partie du canton de Bressuire. Autrefois sans abord praticable, son bourg est maintenant traversé par la route départementale de Poitiers à Nantes. Son antique pont, de quatre petites arches inégales, est remplacé, quoique encore debout, par un autre d'une seule arche d'une hardiesse égale à sa solidité. De son vieux château remarquable, il y a encore quelques années, par sa forte assiette, par l'épaisseur de deux tours, même alors très-élevées, et par son profond ravin, il ne subsiste plus qu'un épais pan de muraille.

C'était une châtellenie en 1624. Denis Amelot, intendant de la justice en Poitou, Xaintonge, pays d'Aunis et gouvernement de la Rochelle, et autres commissaires députés par le roi, accordèrent, à cette époque, une maintenue de noblesse au seigneur de ce lieu, datée de Bressuire (1).

Le chœur de son église date du XIe siècle, et la nef en a été refaite en 1603; mais, en 1795, lors de l'établissement près de ce bourg d'un camp sous Westermann, l'église subit le sort du bourg; elle fut incendiée (2). Elle a été rétablie en charpente, sous le consulat, aux frais de M. Dabbadie, propriétaire du château et de ses dépendances. Le curé actuel du lieu, secondé par la commune, l'a, depuis peu, fait voûter en briques recouvertes de plâtre, et diviser en trois parties égales par des colonnes de même nature. L'autel principal, dédié à St Martin, deux autres autels, petits et latéraux, et un quatrième au fond, dédié à St Jean-Baptiste, ont été peints et dorés avec goût.

(1) Dom Fonteneau, vol. 25, p. 818.
(2) Mémoires de Mme de la Rochejacquelein.

Dans cette commune, et à trois kilomètres du bourg, se trouvent les restes du château de Chausseroye, encore très-remarquable quoique en grande partie démantelé. Ils sont situés dans une plaine de brandes, sur le chemin de Faye-l'Abbesse à Gourgé par Maisontiers, en passant le Thoiret, au pied des rochers dont le sommet est notre plaine des Crânières.

Dans cette même plaine de brandes, et toujours commune de Chiché, à une distance de Chausseroye égale à celle de ce château au bourg de Faye-l'Abbesse (environ trois kilomètres), est la chapelle de Pirelé, très-remarquable par son étendue, la hardiesse de ses voûtes, l'élégance de ses colonnettes, le délié de ses nervures; mais, hélas! une de ces voûtes a été entièrement enlevée; les pierres de l'autre se détachent d'heure en heure, l'entière destruction en est imminente. Rien n'est plus attristant et aussi rien n'est plus pittoresque que de voir pendre aux arêtes de la voûte tombée la clématite, le lierre et le volubilis, comme pour servir de voile à son désastre, et, sur le sol, un lit de fleurs sauvages correspondant à la circonférence de cette triste ouverture.

On assure dans la contrée que cette chapelle était celle d'une abbaye aux offices de laquelle plusieurs vieillards des communes de Faye-l'Abbesse et Chiché, âgés de plus de quatre-vingts ans, prétendent avoir assisté. J'en ai vainement cherché le nom dans les manuscrits conservés par le savant bénédictin que je me plais tant à citer, je ne l'y ai point trouvé.

Dans l'itinéraire de Jean Sans-Terre, du 27 mai 1100 jusqu'à la fin de son règne, il est mentionné avoir passé à Chichy (Chiché) le 29 mai 1214 (1).

Comme nous l'avons dit en parlant de Bressuire, Simon de Chausseroye fut une des cautions données à Louis VIII, en 1224, par Aymeri VI, vicomte de Thouars, de la trêve que ce vicomte accordait à ce roi.

Seigneurs de Chiché.

Ce sont ceux de Bressuire depuis Jacques de Beaumont; les précédents ne sont point connus.

(1) Mémoires de la Société des Antiquaires de Londres.

Seigneurs de Chausseroye.

Ceux connus sont :

1° An 1224, Simon de Chausseroye;
2° — 1351, Gui de Chausseroye, seigneur d'Airvault;
3° — 1369, Gui de Chausseroye, seigneur d'Obreuil;
4° Au XVe siècle, Marie de Chausseroye, dame d'Airvault, femme d'Amaury de Linières, seigneur de la Meilleraye;
5° An 1687, Henri-Marc-Antoine Lepetit de Verno, seigneur de Chausseroye;
6° Philippe de Courcillon, marquis de Dangeau;
7° Philippe-Egon, marquis de Courcillon;
8° Et Marie-Sophie de Courcillon, qui épousa, le 20 janvier 1729, Charles-François d'Albert-Dailly, duc de Pecquigny (maison de Luynes).

On voit que, depuis le premier des Courcillon de Dangeau, les barons de Bressuire étaient seigneurs de Chausseroye.

SAINT-SAUVEUR-GIVRE-EN-MAI.

D'après la tradition, l'épithète ajoutée au nom de ce bourg lui viendrait de ce qu'il aurait été occupé par les Sarrasins à la suite de l'irréparable défaite que leur fit éprouver Charles-Martel; et voici comment le fait est raconté par tradition :

Après la perte de la grande bataille qui nous préserva du joug de l'islamisme, une division de l'armée vaincue vint, dans sa fuite, se réfugier dans ce lieu retiré, presque entièrement couvert de bois, et presque partout sillonné de ravins. Elle campa d'abord sur une petite plaine mamelonnée située au pied de la métairie du *Chiron*, ainsi nommée d'un roc assez élevé et de forme pyramidale; et, pour rendre sa position moins précaire, elle attaqua le château de Saint-Sauveur (on dit qu'il y en existait un alors). Elle s'en rendit maîtresse. Le désespoir donna de la force aux habitants de cette contrée; les Sarrasins furent vivement pressés et sommés de se rendre; ils promirent de le faire s'il givrait (on était en mai). Un orme, peu de jours après la sommation, porta du givre, mais d'un côté seulement ; les assiégeants crièrent au miracle ; leur courage en doubla, et la garnison mauresque, effrayée de la valeur surnaturelle de ses adversaires, se rendit. On ne dit pas ce qu'on en fit.

Que ce soit tout à fait comme cela que la chose soit arrivée, ou qu'il faille faire subir quelques modifications à ce récit, pris pour parole d'évangile dans le bourg entier, ce qu'il y a de vrai, c'est que le lieu du campement est généralement connu sous le nom de *Château-Sarrasin*, autrement dit le *Camp-des-Sarrasins*; que c'est sous cette dénomination que cette pièce de terre est désignée dans un procès-verbal de saisie immobilière faite en l'année..... contre le seigneur du lieu, et à la requête d'un tailleur de Paris, pour parvenir à être payé par ce seigneur d'une somme de dix mille livres dont il lui était débiteur. J'ai vu, j'ai tenu ce procès-verbal dans mes mains, et j'y ai lu ce que je mentionne ici.

Reste à examiner si des Sarrasins pouvaient, sans se faire exterminer, penser à s'enfourner dans un pays de fondrières et s'y établir pour, suivant la tradition, un assez long espace de temps. Je crois qu'il est possible de répondre victorieusement à cette objection, d'abord par la nécessité pour eux de s'arrêter quelque part, étant arrivés, dans leur fuite, trop loin du champ de bataille pour rejoindre d'autres corps de leur armée ; en second lieu, que des gens sans ressource et le fer à la main s'ouvrent toujours un passage à travers des populations peu homogènes ; que la prise du fort de Saint-Sauveur les garantissait d'attaques partielles, et de plus les mettait à même de maîtriser le pays ; que cette division n'était sans doute pas la seule qui se trouvait dans ce cas, et que Charles-Martel ne pouvait pas, sans le plus grand danger, disperser ses forces pour les envoyer après chacune d'elles.

Mais pourquoi, dira-t-on, fuir aussi loin et dans un pays peu et mal percé?

Je réponds : le trajet n'était pas aussi considérable qu'on pourrait être porté à le croire à premier aperçu ; que la bataille ait eu lieu à Cenon, ainsi que semble l'avoir victorieusement prouvé M. André, ou qu'elle ait eu lieu entre Tours et Sainte-Maure, ainsi que de très-lettrés Tourangeaux le prétendent, une pareille distance est bientôt franchie par la peur, qui, au reste, ne raisonne jamais ou raisonne mal.

Ainsi, Messieurs, admettez donc avec moi pour vrai, pour avéré ce que tient pour tel une contrée entière, et permettez-moi de profiter de la circonstance pour, non mettre en discussion votre opinion si bien formée, si bien assise sur le lieu du grand conflit, mais cependant pour joindre aux arguments de vos adversaires, mes compatriotes, une arme venue, par le plus grand des hasards, en mes mains, et qui, je crois, n'est point passée en d'autres qui pussent s'en servir. Voici la nature de cette arme :

Lorsque j'habitais Faye-l'Abbesse, il est tombé pour quelques jours en mes mains un itinéraire postal du temps où la route de Paris à Bordeaux passait par Bléré, Manthelan, Ligueil, Loches, etc. Cet itinéraire est un ouvrage historique assez considérable : il contient une opinion très-développée sur le lieu où a été vaincu Abdérame; il le place, non entre Tours et Sainte-Maure, mais à Tours même, et dans le faubourg dit *la Ville-Perdue*, qui fait suite à celui de *Saint-Pierre-des-Corps*; il fait remarquer qu'une grande brèche, toujours existante, je crois, aux anciens murs de ville de ce côté, porte le nom de *Trou-des-Maures*, ce qui est à ma parfaite connaissance, et il en résulte pour l'auteur l'évidence que c'est là qu'a eu lieu la bataille, et, par suite, la victoire pour nos armes.

Je sais qu'on en peut conclure, si cette opinion était admise, une plus grande difficulté d'arrivée des Sarrasins à Saint-Sauveur. Mais que sont huit ou dix lieues de poste de plus dans une déroute? Pour la conséquence à tirer de l'opinion de l'auteur sur le lieu du champ de bataille, vos convictions sont formées; je les respecte, et, tout en livrant ces considérations à vos méditations, je laisserai, du reste, le procès en l'état où il est resté jusqu'à ce jour.

J'aurais à parler ici de l'église de Saint-Sauveur; mais je tiens de M. l'abbé Barbier, notre très-jeune, mais très-intelligent et très-savant confrère, qu'il a fait ce travail. Il ne pouvait être exécuté par personne de plus compétent; j'ai donc dû m'abstenir sur ce point, mais qu'il me permette de le prier ici d'en gratifier au plus tôt la Société qui s'est donné un tel collaborateur.

Poitiers. — Imp. de A. DUPRÉ.

www.ingramcontent.com/pod-product-compliance
Lightning Source LLC
Chambersburg PA
CBHW060958050426
42453CB00009B/1211